15262 Pintard Eugène
A travers le Bas Languedoc

272

MINISTÈRE DE L'INSTRUCTION PUBLIQUE ET DES BEAUX-ARTS

MUSÉE PÉDAGOGIQUE

41, rue Gay-Lussac, 41

SERVICE DES PROJECTIONS LUMINEUSES

NOTICE SUR LES VUES

A TRAVERS
LE BAS-LANGUEDOC

PAR

Eugène PINTARD

MELUN

IMPRIMERIE ADMINISTRATIVE

1919

TABLE

Ordre des Vues.

N⁰ˢ		Pages.
1	Pont Ambrussum	6
2	Pic de Saint-Loup	14
3	Défilé de Pierre-Lys	17
4	Gorges de l'Hérault	19
5	Le Pont du Gard	22
6	Les Onglous	24
7	Les marais salants	25
8	Les huit écluses	29
9	Réservoir du Lampy	32
10	Une Cave	38
11	Les pressoirs	39
12	Cave Coopérative	39
13	Fabrication des draps	43
14	La Cité	46
15	Hôtel de Ville de Narbonne	47
16	Promenade du Peyrou	49
17	Joutes de Palavas	51
18	Le port de Cette	51
19	Une rue d'Agde	52
20	Église Saint-Étienne	52
21	Église Saint-Pierre-de-Maguelone	54
22	Maison Carrée	55
23	Les Arènes	55
24	La Tour Magne	56
25	Tour de Constance	59
26	Arrivée des Taureaux	61

A TRAVERS
LE BAS-LANGUEDOC

SITUATION

Au sud de la France, entre les Pyrénées, le Massif Central et les Alpes, s'allonge, de l'est à l'ouest, une région tout entière tournée vers la mer azurée; c'est la région méditerranéenne, très différente des autres régions françaises par la nature particulière de sa végétation, par ses cours d'eau torrentiels et par son climat, caractérisé par une température chaude, des vents violents et des pluies peu fréquentes.

Fermée au nord, elle s'ouvre d'un côté par le seuil de Naurouze et de l'autre par le long couloir du Rhône, qui l'unissent aux autres régions.

Elle comprend deux parties bien distinctes : à l'ouest, le Bas-Languedoc, et, à l'est, la Provence, ainsi appelée parce qu'elle fut jadis une province de la République romaine.

Assez semblables au nord par leurs montagnes et leurs plaines, la Provence et le Bas-Languedoc contrastent par leurs côtes; tandis que la côte provençale est rocheuse, fortement découpée et bien abritée des vents septentrionaux, celle du Bas-Languedoc est au contraire marécageuse, peu découpée, constituée par des alluvions.

L'étude du Bas-Languedoc et de la Provence présente de très grands attraits ; elle exige d'être faite avec ampleur. Ne pouvant traiter en une fois ce vaste sujet, avec tous les développements qu'il comporte, nous parlerons aujourd'hui seulement du Bas-Languedoc.

Et tout d'abord, qu'est-ce que le Languedoc? Ainsi appelé, parce qu'on y parlait la langue d'oc, il était, avant 1790, l'une de nos trente-trois anciennes provinces, la deuxième par l'étendue ; il était si vaste qu'il était baigné par la Garonne, le Rhône et la Méditerranée. La Constituante divisa cette province en huit départements. Trois d'entre eux; l'Aude, l'Hérault et le Gard, qui doivent chacun leur nom au plus important fleuve côtier qui les traverse, sont situés sur le littoral méditerranéen; entre les Corbières, les Cévennes et une partie du cours inférieur du Rhône, ils coïncident à peu près exactement avec cette étroite bande de terre qui est appelée le Bas-Languedoc.

HISTOIRE

Les peuplades primitives qui l'ont habité y ont laissé d'importantes traces de leur séjour dans les cavernes. Innombrables sont les grottes dans lesquelles ont été trouvés des ossements d'animaux antédiluviens, des poteries grossières, des instruments de silex.

C'est à ces ancêtres que nous devons les monuments mégalithiques encore debout.

Dès 600 ans avant Jésus-Christ, les Ibères occupèrent la côte languedocienne et firent de Bœterræ (Béziers) leur ville principale ; ils furent inquiétés d'abord par les Umbranici qui occupèrent la haute vallée de l'Orb, puis par les Ligures. Plus pacifiques, les Phéniciens, attachés au commerce, fondèrent Magalo (Maguelone) et Blascou (Brescou), ports aujourd'hui disparus, ainsi que la ville de Narbonne. De leur côté, les Massaliotes créèrent le port Agathé-Tyché (Agde), c'est-à-dire « la bonne fortune ».

Trois siècles après apparurent des Celtes (les Volsques Arécomiques et les Volsques Tectosages) qu'Annibal, en traversant la Gaule, trouva sur son passage. La tribu des Tectosages fit de Toulouse sa capitale ; celle des Arécomiques ou Arécomici s'empara de Narbonne, se groupa autour de Nemausus (Nîmes), et fonda plusieurs cités, notamment Leteva (Lodève), Cessero (Saint-Thibéry), Latera (Lattes).

Vers 121 avant Jésus-Christ, cette région du Bas-Languedoc fut conquise par les Romains et réduite en une province, la Gaule transalpine. Alors, une colonie romaine fut fondée à Narbonne, qui fut consacrée au dieu Mars et prit dès lors le nom de Narbo-Martius. Ce port d'origine phénicienne devint la capitale de toute la région, dénommée la Narbonnaise, et fut dès ce moment une ville florissante qu'embellirent de magnifiques monuments.

La civilisation romaine transforma rapidement ce pays ; elle le dota de monuments, restés debout à Nîmes et ailleurs. Alors fut construit sur le Gardon, entre Vers et Remoulins, le fameux pont du Gard, partie de l'aqueduc qui allait, près d'Uzès, capter les sources de l'Eure et de l'Airan pour les amener à Nîmes.

Des routes furent tracées ; parmi elles, se trouve *La Voie Domitienne*, encore visible à Beaucaire, Lunel, Montbazin, etc., et dont des vestiges de ponts subsistent toujours à Capestang, Saint-Thibéry, Lunel-Gallargues.

N° 1. — Pont Ambrussum.

(Photographie du Touring-Club.)

Voici les restes du pont Ambrussum qui franchit le Vidourle entre Lunel et Gallargues. Il fut construit en l'an 19 (Vue 1). Pendant ses 19 siècles d'existence, il a vu bien des crues. Des cinq arches qu'il avait, trois ont été emportées par de formidables *vidourlades*.

Parmi les autres vestiges romains, l'on peut citer : la tour de Gallargues, les assises des ponts modernes de Saint-Sébastien et de Sommières (Gard) ; les restes de Castelnau-le-Lez, Nissan, Brignac, Gabian, Sauvian (Hérault) ; les thermes d'Alet (Aude).

A la fin du IIIe et au IVe siècle, le christianisme fut prêché dans le Bas-Languedoc ; des évêchés furent créés à Béziers, Lodève, Agde et Maguelone. Puis, plusieurs chrétiens subirent le martyre, notamment à Cessero ; enfin, saint Thibéry, qui a donné son nom à une ville, périt lamentablement.

Au Ve siècle, les Wisigoths, autorisés par l'empereur Honorius, s'établissent dans cette région ; ils s'emparent de Narbonne et de Carcassonne. En 471, ils deviennent les maîtres de Nîmes. Mais, après la victoire de Clovis à Vouillé (507), ils ne possèdent plus que la Septimanie.

Trois siècles plus tard, les Sarrasins à leur tour envahissent le pays, sous la conduite de leur chef Zama. Contre eux va lutter Charles Martel. Après sa victoire de Poitiers, en 732, il poursuit ses succès en Septimanie ; il reprend, en 737, la ville de Béziers, dont les Arabes s'étaient emparés 12 ans auparavant, et remporte, près de Sigean, la victoire de la Berre. Son successeur, Pépin le Bref, s'empare de Narbonne et refoule au delà des Pyrénées, en 759, les Sarrasins. Alors se fondent les abbayes d'Aniane, Saint-Chinian, Villemagne, Saint-Thibéry, Saint-Guilhem-le-Désert, etc..., dont il reste des vestiges.

Après un siècle de tranquillité relative, les Normands apparaissent (858) et dévastent toute la région ; ils pillent Narbonne et saccagent Nîmes.

A l'époque de la féodalité, à la fin du ix⁰ et au x⁰ siècle, le pays se divise et se subdivise en une foule de seigneuries : la maison de Toulouse, les comtes de Narbonne et de Carcassonne, les vicomtes de Maguelone, Agde, Béziers, Minerve, Nîmes, se les partagent. Pendant tout le moyen âge, à l'abri de leurs châteaux crénelés, ces seigneurs entrent sans cesse en lutte. Pour mettre un terme à leurs querelles, un concile se tient, en 1041, dans la célèbre abbaye de Saint-Gilles et institue la trêve de Dieu.

Puis, viennent les Croisades. En 1096, le pape Urbain prêche la première à Nîmes ; il y est reçu par le comte de Toulouse, Raymond IV. C'est à cette époque que remonte l'établissement de la fameuse Confrérie des *Chevaliers des Arènes,* dont les membres, tous guerriers, s'étaient installés dans le grand amphithéâtre romain.

Mais voici qu'un terrible malheur fond sur le Bas-Languedoc ; au xiii⁰ siècle, la guerre des Albigeois y déchaîne des maux de toutes sortes.

Parmi les habitants de la ville d'Albi et des environs s'était fondée une secte qui attaquait la hiérarchie de

’Église et admettait tout à la fois l’existence d’un Dieu
bon et d’un Dieu méchant. Des conciles condamnèrent
cette doctrine hérétique ; mais, plus ils combattirent
la secte, plus nombreux en devinrent les adhérents.

En 1208, le pape Innocent III prépara une croisade
contre ces infidèles à la tête desquels se trouvait
Raymond VI de Toulouse ; contre eux, il appela les
catholiques du Nord, commandés par Simon de Montfort.

Au comte Raymond de Toulouse se joignit le vicomte
Roger II Trencavel, dont les ancêtres avaient, au
xi⁰ siècle, réuni à leurs riches domaines les vicomtés
de Carcassonne et de Nîmes, et qui était bien résolu à
défendre contre Simon l’hérésie albigeoise. Malheureu-
sement, les troupes de Simon de Montfort prirent
Béziers en 1209 ; après avoir saccagé la ville, elles mas-
sacrèrent 7.000 personnes dans l’église de la Madéleine
où elles s’étaient réfugiées. Et ce n’est pas sans frémir
qu’on se rappelle encore cette parole impitoyable d’un
prêtre : « Tuez-les tous ! Dieu saura bien reconnaître les
siens ! ».

De Béziers, les croisés devaient marcher sur Narbonne ; mais cette ville se soumit. Ils allèrent alors
attaquer la cité de Carcassonne où s’était réfugié
son seigneur, le vicomte de Béziers (1209). La place
forte résistait ; ne pouvant s’en emparer par la violence, le légat du pape la prit par la ruse.

Alors, Simon de Montfort en fait exiler tous les
habitants. Il assiège d’autres places, ravage Lavaur,
attaque et défait Raymond VI d’abord à Castelnaudary,
puis à Muret (13 septembre 1213) où est tué Pierre
d’Aragon, venu au secours du comte de Toulouse.
Enfin, il entre dans Toulouse, forteresse des hérétiques.

Ses victoires marquaient l'effondrement de la civilisation méridionale.

Un instant calmée du côté de la Garonne, la guerre allait éclater sur les bords du Rhône. Sur la rive de ce fleuve était née, au xe siècle, la ville de Beaucaire qui avait grandi autour du château élevé par les comtes de Toulouse.

Les habitants s'étaient rangés du côté des Albigeois, tandis que ceux de Nîmes étaient restés catholiques. Simon de Montfort voulut châtier les infidèles; en 1216, il assiégea Beaucaire, mais vainement.

Pour récompenser la ville de sa courageuse résistance, le nouveau comte, Raymond VII, lui accorda le privilège d'une foire annuelle qui devint bientôt fameuse.

Les territoires, conquis par Simon, furent cédés, en 1226, par son fils Amaury de Montfort, à la couronne de France. La même année, Montpellier se soumettait au roi Louis VIII. Quant à Carcassonne, elle fut seulement réunie à la couronne en 1240. Après en avoir rasé les faubourgs et isolé la Cité, Louis IX voulut faire de cette ville l'une des places les plus fortes de son royaume. Il permit aux habitants de s'établir sur la rive gauche de l'Aude : c'est là l'origine de la *Ville basse*.

A l'exception de Beaucaire et de Nîmes qui devinrent villes royales, ces États furent constitués comme dot à Alphonse de Poitiers, frère de Louis IX, qui épousa Jeanne, fille de Raymond VII; ils furent annexés à la couronne en 1271.

Enfin, Louis IX fonda la ville d'Aigues-Mortes où, en 1248, il s'embarqua pour la croisade. Sous ses successeurs, Béziers devint le siège d'une sénéchaussée et la baronnie de Lunel fut acquise par Philippe le Bel.

Si nous franchissons plusieurs siècles où ne se présente aucun fait bien typique, nous arrivons au xvie, époque à laquelle François Ier et Charles-Quint se rencontrent à Aigues-Mortes. Le roi de France vient à Nîmes dont il restaure les monuments ; il encourage l'industrie de la soie. Puis il visite Castelnaudary, Narbonne et Carcassonne.

Mais voici qu'éclate, un peu partout, une grande révolution religieuse. Dès 1533, la Réforme est prêchée dans le Bas-Languedoc, et surtout à Nîmes où elle fait des progrès très rapides. Alors, les querelles religieuses divisent la population en deux camps ennemis, absolument irréconciliables. La guerre civile se déchaîne et ensanglante toute la région ; elle y a un long et douloureux retentissement.

Gagnée aux doctrines calvinistes, Nîmes entre aussitôt en lutte avec Beaucaire qui est demeurée catholique. Leurs divisions intestines font couler beaucoup de sang. Les villes d'Agde, Béziers, Lodève, Saint-Pons, tombent, à des dates diverses, aux mains des protestants ; mais elles leur sont bientôt reprises par les catholiques, à la suite d'épouvantables massacres. A Carcassonne, les Réformés sont également égorgés pour avoir renversé de son piédestal la statue de la Vierge (1560).

La guerre civile dura longtemps. Il fallut l'édit de Nantes (1598), pour ramener le calme dans les esprits. Alors, Nîmes, pacifiée, se lance dans le commerce et l'industrie ; Montpellier s'enrichit d'une Université que fondent les protestants et d'un magnifique Jardin des Plantes ; la culture du mûrier et l'élevage des vers à soie font la richesse de cette belle contrée.

La trêve ne fut pas de longue durée. Au sujet des passions religieuses, les hostilités recommencent à maintes reprises, sous Louis XIII. De 1620 à 1629, elles se produisent plus ardentes et nécessitent l'intervention du roi. En 1621, Louis XIII fait raser les remparts d'Uzès pour punir les habitants d'avoir démoli la cathédrale; l'année suivante, il assiège Montpellier et s'en empare après une résistance acharnée. Plus tard enfin, le cardinal Richelieu brise l'organisation du parti huguenot (1629).

Aussi, le roi et son ministre étaient-ils profondément détestés au sud des Cévennes où florissait le protestantisme. En 1632, le gouverneur du Languedoc, le maréchal de Montmorency, se révolte contre eux; il est battu. Fait prisonnier près de Castelnaudary, il a aussitôt la tête tranchée. Contre eux aussi, Cinq-Mars forme, en 1642, à Narbonne, une conspiration qui échoue; il est exécuté à Lyon avec son confident et ami de Thou.

Il y avait encore un crime à commettre; Louis XIV l'accomplit. En 1685, il révoque le sage édit de Nantes qu'avait signé Henri IV, portant ainsi à son comble l'irritation des Réformés.

Rien ne fut épargné pour convertir, de force, ces malheureux qui coururent se réfugier dans les Cévennes et s'unirent aux Camisards pour mieux résister. De là, les *Dragonnades* qui sont devenues tristement célèbres; dans cette guerre affreuse qui s'engagea dès lors, un des chefs Camisards, Jean Cavalier, devint fameux. Il ne se soumit qu'en 1704 au maréchal de Villars, envoyé par Louis XIV pour traquer les protestants.

Plus tard, quand éclata la Révolution, elle fut bien accueillie dans le Bas-Languedoc; mais les vieilles haines religieuses se rallumèrent. En 1790, Nîmes vit un massacre de catholiques; de son côté, Beaucaire soutint le parti royaliste. La politique et la religion faisaient cause commune. La Terreur usa de représailles et fit dans le Midi de nombreuses victimes.

Vingt ans après, une autre Terreur, la Terreur Blanche, amena de nouveaux massacres, surtout à Nîmes. La venue dans cette ville du duc d'Angoulême mit fin à toutes ces horreurs, au cours desquelles le général Lagarde périt assassiné.

Depuis cette époque troublée, l'histoire régionale n'a rien de particulier à enregistrer.

GÉOGRAPHIE PHYSIQUE

Orographie. — Si l'on examine la carte du Languedoc méridional, l'on constate que, depuis la côte bordée d'étangs et de marais, le sol se relève insensiblement, forme ensuite une belle plaine et se relève encore par gradins successifs jusqu'aux sommets qui dessinent la ligne de faîte entre l'Océan Atlantique et la mer Méditerranée. C'est ainsi que, d'après sa structure, le Bas-Languedoc comprend trois régions distinctes :

1° un cordon montagneux, 2° la plaine, 3° le littoral.

Le cordon montagneux s'étend du N. O. au N. E. ; il décrit un immense arc de cercle et forme la séparation entre le bassin océanien et le bassin méditerranéen. Il est composé de la Montagne Noire et des Garrigues dont nous parlerons tout à l'heure.

Ce système orographique est complété, dans l'Aude, par une série de chaînes, couronnées de vastes forêts de hêtres et de sapins, qui, partant du nœud de Madres, pic culminant de cette région (2471 mètres), s'étalent en éventail, sur tout le département. Dans ce nombre figurent les Corbières, dont la partie tournée vers le Roussillon présente des pentes raides. dépourvues de sources et de végétation ; elles sont dominées par le Pech de Bugarach qui dresse sa tête à 1231 mètres d'altitude.

Revenons à la Montagne Noire ou avant-monts qui envoient sur le département de l'Aude un grand nombre de ramifications. Ces chaînons aux pentes presque nues ont une couleur noirâtre ; ils sont entrecoupés de gorges sauvages où coulent des torrents. Tandis que des ajoncs tapissent les sommets, des vignes croissent au pied des montagnes et de belles prairies verdissent les vallons. Le point culminant est le pic de Nore (1210 m.) qui domine un plateau couvert de forêts et de pâturages.

Après la Montagne Noire, qu'on appelle parfois la « petite Suisse », se dirigent, vers l'est, les Garrigues.

Ces montagnes sont le plus souvent dénudées, parfois couvertes de chênes nains ou *garrigues* (qui leur ont donné leur nom), d'une végétation rabougrie, de plantes aromatiques exhalant de pénétrantes senteurs. Çà et là pourtant poussent des oliviers aux troncs noueux et aux feuilles argentées sur lesquels stridulent, l'été, les cigales.

Les Garrigues doivent leur quasi-aridité à la nature crétacée de leur sol et à la sécheresse du climat ; leur point le plus élevé est le mont de l'Espinouse, dans le massif du même nom, dont la cime se dresse à 1126 mètres d'altitude. Parmi les plus hauts sommets, on peut encore citer : le roc de Belleviste (1083 m.), le Saumail (1019 m.), le Plô des Brus (1100 m.), le mont Caroux (1093 m.) et, avoisinant l'Aveyron, les monts Marcou (1094 m.), Cabanes (1022 m.), Agut (1023 m.).

Tout au nord de l'Hérault s'élève, à une altitude variant entre 700 et 900 mètres, le plateau désolé du

Larzac, l'un des plus beaux causses ; il est revêtu d'un gazon sec et aromatique dont se nourrissent des moutons à laine frisée. Au centre est bâtie la petite ville du Caylar, remarquable par les murailles rocheuses qui l'environnent et leurs escarpements grandioses, comme aussi par les profils bizarres et fantastiques de leurs roches qu'ont désagrégées les agents atmosphériques.

A côté du vaste plateau du Larzac s'allonge la montagne de la Séranne, haute de 943 mètres.

N° 2. — Pic de Saint-Loup.

Entre la Séranne et le village des Matelles, près duquel subsistent encore les ruines du château fort de Mont-Ferrand, s'élèvent les Garrigues de Montpellier, parmi lesquelles se dressent le mont Hortus (512 m.) et le pic de Saint-Loup (633 m.) qui domine de sa masse conique et aride la plaine de l'Hérault (Vue 2).

Après les Garrigues, voici, dans le Gard, les Cévennes, beaucoup plus hautes. Cette masse granitique se hérisse, près du village de Dourbies, de plusieurs sommets : le signal de Suquet (1.341 m.) et les monts de Lengas (1.440 m.), puis le mont d'Aulas (1.422 m.) d'où descend la rivière poissonneuse, la Dourbie. Enfin, se profile à 1567 mètres le massif de l'Aigoual ; le sommet est couronné d'un observatoire météorologique d'où l'œil découvre un magnifique panorama.

Pour compléter le système orographique du Bas Languedoc, l'on peut encore signaler les monts de la Gardonnenque qui séparent le Gardon d'Alais de celui d'Anduze.

Il n'est pas inutile de faire remarquer que, sur le versant de l'Océan, la chaîne cévenole, toute dénudée, s'incline en pentes douces vers les plaines de la Garonne, ét que, sur le versant méditerranéen, tout au contraire, elle est très escarpée et descend brusquement.

Les flancs de ces montagnes renferment des richesses minéralogiques; à leur pied sont creusées des vallées profondes qui font l'admiration des voyageurs.

Hydrographie. — Dans ce cordon montagneux prennent naissance un grand nombre de rivières ou de fleuves côtiers dont les eaux se déversent dans l'Océan ou la Méditerranée. Ils présentent tous un caractère torrentiel, qui est surtout dû à la nature du sol où ils prennent leur source.

En temps ordinaire, ces rivières ne sont que de simples filets d'eau; de chacun de ces ruisselets l'on pourrait répéter ce que disait de la Voulzie le poète Hégésippe Moreau :

> Un géant altéré le boirait d'une haleine.

Mais, dès qu'un orage s'abat sur la région cévenole, les eaux pluviales descendent précipitamment des montagnes nues et escarpées, qu'on devrait bien boiser. Les rivières se changent en torrents impétueux. En quelques heures, elles grossissent prodigieusement, bondissent comme des taureaux échappés et roulent avec fracas une masse liquide formidable qui sème l'épouvante sur tout son passage.

Dans les vallées, ces crues arrachent les végétaux et les entraînent avec la terre végétale vers l'embouchure des rivières où elles les déposent en alluvions.

De tous les cours d'eau qui naissent dans le Bas-Languedoc, deux seulement sont tributaires de l'Océan Atlantique; tous les deux sont des affluents de la rive gauche du Tarn.

Le premier, la Dourbie, (78 km.) jaillit du mont Aulas, à l'ouest du Gard, à 1.250 mètres d'altitude ; il coule dans une vallée sauvage, au pied de l'immense plateau calcaire du Larzac, à gauche, et du Causse Noir à droite ; il rejoint le Tarn, près de Millau. Un de ses tributaires, le Trévezel (30 km.), passe à Trèves ; il est accru du Bonheur qui, après avoir disparu dans les calcaires, sort de ces roches nues sous le nom de *Bramabiau*.

L'autre cours d'eau est l'Agout. Né dans le nord-ouest du département de l'Hérault, à la cime de l'Espinouse, il entre dans le département du Tarn où il recueille les eaux de la Vèbre, grossie du Viaur, et du Thoré, accru de l'Arn ; il reçoit également le Sor grossi du Laudot. Son cours est de 180 kilomètres.

On pourrait en ajouter un troisième, l'Hers, formé de deux branches, le grand et le petit Hers ; mais cette rivière, affluent de l'Ariège, n'a qu'un très petit parcours dans le Bas-Languedoc.

Les autres rivières du Bas-Languedoc, appelées souvent fleuves côtiers, déversent leurs eaux dans la mer Méditerranée. Voici les principales, de l'ouest à l'est.

Née dans l'Aude, au Pech de Bugarach, l'Agly (80 km.) arrose ce département, dans son cours supérieur, sur un parcours de 10 kilomètres seulement ; elle appartient plus au Roussillon qu'au Bas-Languedoc. Son important affluent de gauche, le Verdouble, est dans le même cas.

Tout au contraire, l'Aude prend sa source dans les Pyrénées-Orientales et coule presque tout entière dans le département auquel elle donne son nom. Sortie du lac d'Aude, elle décrit une immense courbe et se jette dans la Méditerranée, après avoir parcouru 225 km.

Nº 3. — Défilé de Pierre-Lys.

(Photographie du Syndicat d'Initiative de Carcassonne.)

Dans la première partie de son cours, elle suit, dans une vallée tourmentée, des gorges profondes dont le pittoresque défilé de Pierre-Lys va vous donner une idée (Vue 3).

Elle passe près d'Axat et s'engage dans cet étroit défilé de Pierre-Lys, creusé entre des rochers perpendiculaires de plusieurs mètres de hauteur. Après avoir baigné Quillan et Couiza, elle atteint Alet où elle s'élargit; puis elle arrose Limoux. L'Aude devient ensuite une large rivière, étendant au loin son lit de cailloux roulés. Tout en zigzaguant, elle arrive à Carcassonne où elle sépare la Cité de la Ville neuve ou basse. A partir de là, elle décrit plusieurs méandres; puis elle suit parallèlement, sur un long parcours, le canal du Midi. Elle arrose Trèbes, Marseillette, Castelnau, Cuxac, Coursan, Salles d'Aude; enfin, après avoir contourné la montagne de la Clape, elle se jette dans la mer par deux embouchures.

Sur la rive droite de l'Aude, se jettent très peu de grandes rivières. Parmi les plus importantes, il faut citer le Sals, dont les eaux sont salées, et deux autres rivières qui descendent des Corbières: le Lauquet (35 km.) qui joint l'Aude à Couffoulens (c'est-à-dire confluent), et l'Orbieu (78 km.) qui coule dans une vallée profondément encaissée.

Par contre, l'Aude reçoit sur sa rive gauche de nombreux affluents ;

Le Rebenty (35 km.) qui traverse une série de défilés pittoresques ; le Sou ; le Fresquel (65 km.), grossi de plusieurs affluents, notamment du Lampy,

tous descendus comme lui de la Montagne Noire, qui alimente partiellement le canal du Midi ; l'Orbiel (35 km.) et l'Argentdouble (40 km.) qui prennent également naissance dans la Montagne Noire ; l'Ognon (18 km.) qui naît dans les Cévennes, à 600 mètres d'altitude ; la Cesse (50 km.) qui a sa source dans l'Hérault et franchit l'un des plus étonnants défilés qui soient en France.

La navigation de l'Aude est rendue à peu près impossible : dans son cours supérieur, par la rapidité de ses pentes abruptes ; dans son cours inférieur, par le peu de profondeur de son lit.

La rivière est flottable à partir de Quillan ; des trains de bois, provenant de l'exploitation des forêts, en descendent en grand nombre.

Son débit est extrêmement capricieux ; selon les conditions atmosphériques, il oscille entre cinq et 3.000 mètres cubes par seconde.

Après l'Aude, voici l'Orb qui a un cours de 140 km. Ce fleuve côtier prend sa source près du Larzac ; il coule, très sinueux, dans une vallée profondément encaissée. Après avoir décrit une courbe vers Olargues, il arrose Bédarieux, au centre d'un vallon ondulé de coteaux couverts de vignobles ; ensuite il passe au pied de Béziers et se jette dans la mer tout près de Sérignan. L'Orb reçoit un grand nombre de torrents et de ruisseaux, parmi lesquels :

à gauche, le Gravezon et le Taurou ;

à droite, la Mare, grossie du Buissou et de l'Espaze ; l'Héric ; le Jaur (25 km.) ; le Vernazobres, grossi de l'Houvre ; le Lirou.

Parallèlement à l'Orb, coule le Libron qui naît près de Faugères et se jette dans la Méditerranée près de Vias.

N° 4. — **Gorges de l'Hérault**.
(Photo Froment. Lodève.)

Le cours du Libron est de 41 kilomètres ; celui de l'Hérault est exactement quadruple. Le fleuve côtier, aux capricieuses sinuosités, prend sa source dans le département du Gard, sur le flanc de l'Aigoual, à 1.413 mètres d'altitude. Après avoir traversé, sur un parcours de 30 kilomètres, une région montagneuse très accidentée où il arrose Valleraugue, il pénètre dans l'Hérault, au confluent de la Vis, et passe à Ganges, renommée par sa fabrication des bas de soie et sa *Grotte des Demoiselles*, aux superbes stalactites. L'Hérault coule, encaissé, le long de rochers déchiquetés, dans des gorges qui deviennent sauvages aux environs de Saint-Guilhem-le-Désert ; sa vallée supérieure va vous être présentée (Vue 4).

Après avoir dépassé Saint-Guilhem, la Gellone des anciens, village remarquable par ses maisons à façades romanes et les restes de son abbaye du IX° siècle, l'Hérault arrive à Aniane ; il s'élargit à Gignac et arrose une belle plaine fertile. Puis il passe près de Montagnac, de Pézénas et de Florensac, traverse Agde-la-Noire et se jette dans la mer au grau d'Agde, après un parcours de 164 kilomètres.

A droite, l'Hérault est grossi par l'Arre qui arrose le Vigan ; par la Vis, aux gorges sauvages et désertes, qui sert partiellement de limite à l'Hérault et au Gard ; par la Buèges et la Boyne ; par la Lergue, accrue de la Soulondres ; par la Peyne et la Tongue, rivière de Gabian.

Il reçoit sur sa rive gauche plusieurs affluents très courts : le Rieutord ou torrent de Sumène, le Merdanson, le Lamalou, le Rouvièges, le Dardaillon.

Bien moins important que l'Hérault est le Lez qui naît près du pic de Saint-Loup ; il sort d'une source dont une partie alimente Montpellier. Le Lez reçoit d'abord à gauche le Lirou, puis à droite la Mosson que grossissent plusieurs ruisseaux ; après un cours de 28 km., il finit au grau de Palavas.

Voici maintenant un torrent impétueux, le Vidourle, qui prend sa source dans l'arrondissement du Vigan, à 650 mètres d'altitude, au pied de châtaigniers et de hêtres. Il naît au nord de la montagne de la Fage, sur le flanc du Liron. Son cours extrêmement sinueux a cependant la direction générale du nord-ouest au sud-est. Il arrose Saint-Hippolyte-du-Fort, bâtie au pied de roches calcaires très élevées ; puis atteint Sauve, dont la principale industrie consiste en fourches, pelles, manches d'outils, en bois de micocoulier.

Parcourant ensuite une vallée encaissée, le Vidourle passe à Quissac, Vic-le-Fesq, Sommières et Aubais ; il coule sous l'antique pont romain Ambrussum, entre Gallargues et Lunel ; après avoir baigné Marsillargues et Saint-Laurent-d'Aigouze, il se déverse dans l'étang saumâtre de Repausset. De là, il se jette par le canal de la Grande-Roubine dans la Méditerranée, exactement au Grau-du-Roi. Le long de son cours (100 km.), il a partiellement servi de limite à l'Hérault et au Gard.

Le Vidourle reçoit, surtout à droite, de nombreux affluents. Très capricieux, il est sujet à des crues subites, connues sous le nom de *Vidourlades*. De tous les torrents qui descendent des Cévennes, il est peut-être le plus fantasque :

Pendant les sécheresses, dit de lui Reclus, *c'est un filet d'eau de quelques dizaines de litres, perdu dans le sable.*

Lors de ses furies soudaines ou vidourlades, c'est un fleuve débordé roulant 30 fois plus d'eau que la Seine, à Paris, pendant l'étiage.

Entre le Lez et le Vidourle coulent quelques torrents, le Berbian, la Bérange, la Viredone, la Cadoule, qui se jettent directement dans les étangs.

Le dernier fleuve côtier du Bas-Languedoc est le Vistre (80 km.), qui descend des collines de Cabrières; il entre dans la plaine près de Marguerittes et passe à 3 km. de Nîmes qui lui envoie les eaux de sa fontaine; il est canalisé au Cailar où il reçoit le Rhony et débouche, comme le Vidourle, dans l'étang de Repausset.

Le Bas-Languedoc est limité par la partie inférieure du cours du Rhône, dont la rive droite d'abord, puis les deux rives appartiennent au département du Gard. Le grand fleuve descend vers la Méditerranée en décrivant de nombreuses courbes et en formant plusieurs îles.

Dans cette région languedocienne, le Rhône a pour tributaires l'Ardèche, la Cèze et le Gardon.

L'Ardèche n'appartient au Bas-Languedoc que par une faible partie de sa rive droite. Quant à la Cèze, elle descend de la Lozère et coule dans des gorges pittoresques où elle arrose Bessèges et Saint-Ambroix. Après avoir passé près de Bagnols, elle va se jeter dans le Rhône, en face de l'île de la Piboulette.

Entre Aramon et Beaucaire, le Rhône reçoit encore le Gard ou Gardon. Ce torrent cévenol, très abondant pendant l'hiver, est presque à sec pendant l'été et chauffe au soleil ses blancs galets. Il est formé de deux Gardons : 1° le Gardon d'Alais, dont le lit est très large, qui passe à la Grand'Combe et à Alais ; 2° le Gardon d'Anduze, que forment les Gardons de Saint-Jean et de Mialet.

N° 5. — Le Pont du Gard.

(Cliché du Touring-Club.)

Après leur rencontre, le Gard descend dans une large vallée où il reçoit plusieurs torrents ; il s'engage ensuite dans un étroit défilé et coule sous le fameux aqueduc romain, le pont du Gard, qui fait l'admiration de tous les touristes.

Ce pont, dont la longueur est de 270 mètres, est supporté par trois rangées d'arcades superposées (Vue 5).

Un écrivain de talent, Mme Séverine, en a fait une belle et lyrique description :

Plus doré que les plus dorés palais de Venise, il semblait que chaque pierre eût retenu, absorbé un peu de chaque aurore, un peu de chaque couchant. Tous les ocres, toutes les pourpres dont le soleil adorne son lever ou son déclin, s'amalgamaient dans les pores du plus minime bloc.

Il s'allongeait, immense, d'une colline à l'autre : tendu comme un arc-en-ciel ; ajouré comme un rayon de ruche ; roux comme le miel, l'ambre, les futaies de hêtres à l'automne, les chevelures chères au Titien.

Et, quel décor !

Entre ses pieds puissants, entre les arches centrales de l'étage inférieur, le Gardon : un rire d'eau, une rivière étroite, claire, coupée de roches, qui joue et jase comme une petite fille gaie à l'ombre d'un géant. L'onde est si pure qu'on y suit la course des poissons, tantôt par nuées et tantôt solitaires. Ils filent dans les herbes aquatiques, avec de vifs reflets de nacre, d'émeraude, d'argent.

Rien de joli, de menu, de joyeux comme cette transparence mobile, ce miroir à peine frissonnant, où se reflète, où se renverse, où se double la merveille.

Les rives, elles, toutes vertes, déclinent assez doucement vers la rivière, s'escarpent plus rudement vers la colline. Par ici, car là-bas, de l'autre côté de l'aqueduc, le paysage s'aplanit. Et tandis que le ciel d'un bleu massif semble s'appuyer sur le sommet, en être le fronton infini et azuré, tandis qu'il apparaît encore, adouci, festonné par les petites arches supérieures, par les larges arches de l'étage intermédiaire égales à celles des assises ; entre celles-ci s'entrevoit par pans arrondis, par panneaux successifs, le plus délicieux horizon du monde.

Un petit clocher, une maison noyée dans la verdure, le cours frémissant de l'eau -- toute la paix, toute la douceur.

Après que le pont du Gard s'est miré dans les eaux du torrent, le Gardon passe à Remoulins où sa vallée s'élargit et termine bientôt sa course dans le Rhône.

Toutes ces rivières fougueuses, de longueur médiocre, arrosent une étroite bande de terre qui constitue la plaine du Bas-Languedoc. Légèrement mamelonnée, cette plaine est toute parsemée de villages et de *mas* ; le plus souvent, elle est formée de marnes et de calcaires. Très fertile, elle est plantée de vignes luxuriantes qui donnent un excellent rendement. Là aussi poussent des arbres fruitiers de toutes sortes, et particulièrement des oliviers, des grenadiers, des jujubiers, des figuiers, des micocouliers, des azeroliers, des châtaigniers, etc.

Le Littoral. — Le cordon littoral s'étend sur une longueur de 150 kilomètres, depuis l'étang de Leucate jusqu'au Rhône mort, qui limite la petite Camargue. Peu habitée, cette côte est découpée, bordée d'étangs insalubres. Sablonneuse dans l'Aude, elle est par ailleurs, surtout dans l'Hérault, encombrée d'alluvions ; elle est entrecoupée de *graus*, sorte de canaux qui mettent en communication les étangs et la mer.

Çà et là cependant, le littoral se hérisse de la montagne de la Clape, dans l'Aude ; du mont Saint-Loup (115 m.) à Agde, dû à un soulèvement volcanique, ainsi que le montre son sommet constitué de roches éruptives ; du mont Saint-Clair (180 m.) à Cette ; des monts de la Gardiole, près de Frontignan, au nord-est de l'étang de Thau.

Le chapelet d'étangs comprend :

L'étang de Leucate ou de Salses qui a une superficie de 5.600 hectares ; l'étang de Lapalme (1.400 hectares); l'étang de Sigean ou de Bages (3.600 hectares), alimenté par la Berre.

Entre l'étang de Sigean et la mer s'étend l'étang de Gruissan, séparé du premier par un bourrelet de sable sur lequel passe le canal de la Robine et courent les trains de la ligne Narbonne-Perpignan. Cet étang, qui couvre une superficie de 1.500 hectares, communique avec la Méditerranée par deux *graus* qui ont été partiellement comblés par les ensablements.

L'étang de Capestang, formé par les atterrissements de l'Aude, est très éloigné de la mer ; il a une superficie de 1895 hectares.

Entre ces deux derniers étangs, Narbonne et la Méditerranée se dresse la montagne de la Clape, dirigée du nord au sud : elle mesure 15 kilomètres de long sur une largeur moyenne de 7 kilomètres.

L'étang de Vendres, long de 6 kilomètres, est plutôt un marécage ; il est envahi de plus en plus par les alluvions de l'Aude, avec laquelle il communique par le grau de Vendres.

Nº 6. — Les Onglous.

(Cliché Bras, à Montpellier.)

Séparé de la mer par l'isthme des Onglous, où filent à toute vitesse les trains du P.L.M., (Vue 6), l'étang de Thau a des eaux salées ; sa longueur est de 20 kilomètres et sa largeur varie entre 2 et 8 kilomètres; sa superficie est de 8.000 hectares. Il est traversé par le canal des Étangs. Semblable à une mer intérieure, il est lui-même navigable et communique avec la mer par un canal qui est une branche du canal du Midi. A ses eaux se joignent celles de l'Avène, du Pallas et du Vallat.

Une série d'autres étangs se présente encore: l'étang d'Ingril ou de Frontignan (1.000 hectares), celui de Palavas ou de Vic (1.500 hectares), puis les étangs de Peyreblanque, des Moures, de l'Arnel et du Prévost, qu'on réunit quelquefois sous le nom général d'étang de Maguelone (1.300 hectares).

Une bande sablonneuse, au milieu de laquelle coule le Lez, sépare l'étang de Maguelone de l'étang de Pérols qui occupe une surface de 1.200 hectares.

L'étang de Pérols, tout petit, communique avec l'étang beaucoup plus grand de Mauguio ou de l'Or qui couvre 3.600 hectares et reçoit la Salaison, la Bérange, la Viredone et la Cadoule.

Viennent encore l'étang de Repausset où se perdent le Vidourle et le Vistre, celui du Repau où se déversent deux petits bras du Rhône, celui de la Ville qui baigne les murs d'Aigues-Mortes et voisine avec l'étang du Roi, l'étang de Scamandre ou des Iscles situé à Aigues-Mortes près du canal de Beaucaire.

Nº 7. — Les marais salants.

(Cliché A.F. à Cette.)

Ces étangs sont, pour la plupart, isolés de la mer par un bourrelet de sable; leurs bords sont couverts de salines ou marais salants qui occupent, l'été, un très grand nombre d'ouvriers (Vue 7).

La série de ces multiples étangs atteste, sur certains points, un long travail d'atterrissement amené, d'un côté (du nord au sud) par les dépôts limoneux que charrient les cours d'eau et surtout le Rhône, de l'autre (du sud au nord) par les dépôts sablonneux qu'ont abandonnés les vagues de la mer.

Quelques exemples prouvent péremptoirement que ces phénomènes ont modifié profondément le littoral. En voici un entre autres: il y a plusieurs siècles, la ville de Narbonne était un des premiers ports de la Méditerranée; elle l'était encore en 1320, quand l'Aude rompit la digue romaine de Sallèles d'Aude. La plaine triangulaire comprise entre cette ville, l'embouchure de l'Aude et celle de La Nouvelle était autrefois couverte par la mer; du milieu émergeait une île qui n'est autre que la montagne de la Clape. Quant à l'Aude, elle débouchait dans la Méditerranée, à Fleury.

Dans le voisinage de la mer, la flore est d'un ordre tout à fait secondaire. C'est là que végètent, contrariés par l'embrun, les tamaris, les salicors, les roseaux et différentes plantes qui servent de fourrage ou de litière pour les bestiaux.

Mais la faune y est extrêmement curieuse, l'hiver surtout, quand s'abattent sur les bords des étangs des milliers d'oiseaux de passage:

> Partout, dans ces canaux et ces mares fangeuses
> Grouillent des échassiers les tribus voyageuses.
> L'outarde, au port massif, aux torses élevés,
> Inquiète, y descend comme un voleur nocturne
> Et fouille jusqu'au bord la vase taciturne
> Où le scirpe et le jonc sèment leurs fruits ovés.

Alors aussi, blanche pirogue,
Le cygne y soulève, en nageant,
L'eau des grands lacs où plonge et vogue
La foulque noire au bec d'argent.
Le vanneau, dans ses landes mornes,
Froisse aux tiges des salicornes
L'aigrette de son chaperon :
Et, sur la vague qui moutonne,
Tinte, lugubre et monotone,
Le cri sauvage du héron.

La grue au vol puissant erre dans les savanes
Ou, vers le pôle austral, fuyant les caravanes,
Sur les étangs glacés, passe en triangles noirs ;
Et la cigogne brune, à la chute des ombres,
Sur le chaume fumeux de ses cabanes sombres,
S'endort en regrettant la tour des vieux manoirs.

Parfois, sur le marais des îles
Qui gisent à l'horizon bleu,
Des flamants roses, immobiles,
Planent comme un ruban de feu.
Puis, la phalange tournoyante
Descend en ligne flamboyante,
Du haut des airs dans les sillons :
Et, sur la grève bien aimée,
Comme une intelligente armée,
Étend ses rouges bataillons.

Lirou et Bastide (*Les Mandragores*).

Les deux poètes qui chantent les hôtes des étangs oublient de nous dire que ces régions marécageuses, où règnent constamment les fièvres paludéennes, sont infestées par d'insupportables moustiques qui *zonzognent* et piquent à qui mieux-mieux.

Sur la côte, on remarque : 1° les belles plages de Serignan, du Grau d'Agde qui fait face au petit îlot de

Brescou, et de Cette; 2° les importantes agglomérations commerciales de Mèze et de Marseillan sur l'étang de Thau; 3° les riantes stations balnéaires de Palavas-les-Flots et du Grau-du-Roi.

Canaux. — Outre les cours d'eau naturels, le Bas-Languedoc compte une série continue de canaux de navigation, mettant en communication la Garonne et le Rhône, l'Océan et la Méditerranée; ce sont les canaux du Midi, de Cette, des Étangs, de la Radelle, de Beaucaire, de quelques autres encore. De chacun d'eux, disons quelques mots.

A tout seigneur, tout honneur. Le plus ancien et le plus important de tous est le canal du Midi ou du Languedoc ou des deux Mers; il est dû au génie persévérant d'un illustre ingénieur français, Paul Riquet, né à Béziers en 1604 et mort à Toulouse en 1680. Il a seulement coûté 35 millions.

Construit de 1666 à 1680, ce canal part de Toulouse et aboutit à l'étang de Thau: sa longueur est de 243 km., dont 51 dans la Haute-Garonne, 124 dans l'Aude et 68 dans l'Hérault. Sa profondeur est de 2 mètres et sa largeur moyenne de 20 mètres à la surface de l'eau. Tandis que sa pente vers l'Océan est de 62 mètres, répartie en 17 écluses représentant 26 chutes, elle est de 189 mètres vers la Méditerranée, rachetée par 48 écluses qui représentent 76 chutes. Son point culminant est au col de Naurouze (Aude) où un simple obélisque a été érigé à la mémoire de Paul Riquet.

Sur son parcours, le canal franchit ou longe des vallées, croise des voies ferrées ou passe sur des rivières par un grand nombre d'aqueducs.

Dans la *Haute-Garonne,* il a son origine, comme nous venons de le dire, et coule à Villefranche-de-Lauraguais.

Dans l'*Aude*, il dessert Castelnaudary, Bram, Carcassonne, Trèbes, Marseillette, Argens, Roubia, Paraza.

Avant de quitter ce département pour entrer dans l'Hérault, mais après avoir croisé la Cesse, il détache sur Sallèles un embranchement de 37 kilomètres. Tout entière dans l'Aude, cette branche coupe la rivière d'Aude et passe à Narbonne. Après avoir suivi l'étroite langue de terre qui sépare l'étang de Gruissan des étangs de Bages et de Sigean, elle se termine au chenal maritime de La Nouvelle.

N° 8. — Les huit écluses.

(Cliché Mazet-Pons, Béziers.)

Dans l'*Hérault*, le canal pénètre par l'ouest, au sud d'Olonzac ; il dessert Capestang, dont il contourne l'étang, puis Poilhes, et s'engage dans le souterrain de Malpas, long de 85 mètres. Il passe ensuite à Colombiers et à Béziers. Dans cette dernière ville, au quartier de Fonserannes, sont établies huit chutes d'écluses ; leur longueur totale de 280 mètres, est partagée en huit sas accolés, de 35 mètres chacun, ayant une largeur de 6 mètres. (Vue 8).

Cette écluse *octuple* a été nécessitée par la différence, à l'amont et à l'aval, des cotes des eaux du canal. Les 21 mètres qui constituent cette différence d'altitudes, sont franchis par huit escaliers hydrauliques, de 2 m. 60 de hauteur, qui forment comme une série de huit bassins superposés.

Après Béziers, le canal du Midi traverse la plaine viticole de Villeneuve-lès-Béziers, passe à Portiragnes, à Vias et à Agde. Enfin, il se termine dans l'étang de

Thau, aux Onglous, à 2 kilomètres environ de Marseillan.

Des Onglous à l'écluse de Fresquel, située en aval de Carcassonne, le canal est alimenté par les rivières de l'Hérault, de l'Orb, de la Cesse, de l'Aude, de l'Orviel et du Fresquel. De l'écluse du Fresquel à Toulouse, il est surtout alimenté par la *Rigole de la Plaine* qui conduit au bief de partage, à Naurouze, les eaux captées dans plusieurs ruisseaux, le Sor notamment. Pendant cinq mois de l'année environ, ces eaux étant insuffisantes, il est nécessaire, pour assurer la navigation, de recourir aux approvisionnements des grands réservoirs de Saint-Ferréol et de Lampy, reliés entre eux par une canalisation et contenant ensemble plus de 8 millions de mètres cubes.

Toutes les eaux, qui se jettent dans ces deux lacs artificiels, descendent de la région des Cévennes méridionales qu'on appelle la Montagne Noire. Verdoyant et boisé, ce massif se dresse au nord de la plaine brûlante. et desséchée du Bas-Languedoc ; les sources y jaillissent partout. Il est arrosé par un grand nombre de torrents et de ruisseaux qui entretiennent, l'été, une très agréable fraîcheur.

Couverte de forêts de chênes, de hêtres, de frênes, de châtaigniers et de sapins, la Montagne Noire est fort bien nommée, puisqu'elle présente une masse sombre, parfois ponctuée de *mas* blancs, sous un ciel d'azur. Elle est dominée par le pic de Nore qui dresse à 1210 mètres d'altitude sa croupe arrondie. Du seuil de Naurouze (190 mètres) au col de la Feuillée (467 mètres), tout près de Saint-Pons, sa crête forme la ligne de partage des eaux entre l'Atlantique et la Méditerranée.

Tandis que le versant septentrional s'étend tout

entier sur les départements du Tarn et de l'Hérault, le versant méridional comprend le bassin de l'Aude et celui de son affluent le Fresquel. Ce sont précisément les eaux de ce dernier bassin et de plusieurs rivières, captées par Paul Riquet, qui servent à alimenter le canal du Midi, par l'intermédiaire du ruisseau artificiel qu'on appelle la *Rigole de la Montagne Noire*.

Cette rigole, qui les recueille, coule tout à fait au sud du Tarn et au nord de l'Aude, à la lisière de ces deux départements; elle traverse ensuite une partie de la Haute-Garonne. Elle a son origine dans un ravin sauvage et boisé, à la prise de l'Alzau dont l'altitude est de 660 mètres. Sur un parcours de 32 kilomètres, elle serpente au flanc de la Montagne Noire jusqu'aux environs de Revel (Haute-Garonne); elle est parallèlement côtoyée par une route carrossable bordée d'arbres élevés.

La captation des eaux de la rivière Alzau est située près du pittoresque hameau de Galaub (Aude), entre les superbes hêtraies de Ramondens (Tarn), les bois de la Serre et la vaste forêt de la Loubatière (Aude). A 13 kilomètres de la prise de l'Alzau, la Rigole recueille les eaux d'un réservoir construit, dans l'Aude, sur le parcours du Lampy, ruisseau qui l'alimente. Situé dans un magnifique site forestier, ce bassin est dénommé le Lampy. C'est, non pas le Lampy-Vieux que fit édifier Riquet sur la route d'Arfons (Tarn) à Saissac (Aude) et que sa faible contenance a fait abandonner, mais le Lampy-Neuf, bâti de 1776 à 1781, à 640 mètres d'altitude, un peu en amont de l'ancien.

Là, on a barré la vallée du Lampy par une digue transversale qui a une longueur de 138 mètres, une hauteur de 16 m. 20 et une épaisseur de 7 m. 80 à la base et de 5 m. 20 au sommet. Ce mur est, en outre, renforcé par 10 contreforts en maçonnerie.

Dans le cadre enchanteur d'une végétation luxuriante, sous les vertes frondaisons des forêts de hêtres et de sapins, on a formé dans le ravin un immense bassin de 773 mètres de long sur 585 mètres de large et 15 mètres de profondeur. Il couvre une superficie de 23 hectares et demi ; il contient 1.672.000 mètres cubes (Vue 9).

N° 9. — Réservoir du Lampy.

(Cliché du Syndicat d'initiative de Carcassonne.)

Après s'être grossie des eaux descendues de plusieurs torrents et s'échappant du Lampy par trois vannes, la Rigole se déroule sur le flanc de la Montagne Noire ; puis elle suit, dans le Tarn, la vallée du Sor, rivière de Sorèze. Après un cours de 12 kilomètres, elle arrive aux Cammazes (Tarn), dont la cote est 584 ; elle traverse alors un tunnel de 100 mètres de long et emprunte ensuite le lit d'un torrent, le Laudot, qui se jette dans le Sor, affluent de l'Agout. Plus loin, elle atteint un deuxième réservoir, celui de Saint-Ferréol, qui reçoit ses eaux.

Bien plus important que le Lampy, le bassin de Saint-Ferréol, est assis au pied de la Montagne Noire et semble cependant suspendu, à la cote 349, au-dessus de la commerçante petite ville de Revel (Haute-Garonne), qui en est éloignée de trois kilomètres à peine.

Si l'on considère que des Cammazes à Saint-Ferréol, la distance est seulement de 7 kilomètres et que, sur ce court trajet, la Rigole descend de 584 à 349 mètres, l'on se rend compte de sa forte pente et de sa rapidité.

Miroitant sous un clair soleil, le vaste lac de Saint-Ferréol est placé dans un cadre merveilleux ; il touche à la fois à trois départements : la Haute-Garonne, l'Aude et le Tarn. Établi de 1667 à 1672, il mesure 1.560 mètres de long sur 800 de large et occupe une superficie de 67 hectares. Sa contenance dépasse 6.375.000 mètres cubes.

La digue qui retient ce colossal volume a 800 mètres de long, 32 mètres de haut, 70 mètres d'épaisseur à la base et 12 mètres à la plate-forme. L'empâtement qu'elle présente atteint 140 mètres. Au pied de ce barrage et derrière la maisonnette du garde, a été aménagé un vaste parc, planté d'essences variées. Du centre d'un bassin jaillit à plus de 25 mètres une gerbe d'eau qui scintille au soleil. Par deux vannes et trois énormes robinets, les eaux du réservoir s'échappent bruyamment ; elles bondissent, blanches d'écume, en fougueuses cascatelles, dans le lit du Laudot qu'elles empruntent de nouveau. La Rigole les conduit au seuil de Naurouze où passent tout à la fois, à 190 mètres au-dessus du niveau de la mer, la route, la voie ferrée et le canal. C'est là que, près d'un obélisque évocateur de ces grands travaux, les eaux vives captées à la Montagne Noire alimentent le canal du Languedoc que vit creuser le XVIIe siècle.

De sa naissance, à la prise de l'Alzau, jusqu'au col de Naurouze, la Rigole effectue un parcours de 66 km. Grâce à ce ruisseau artificiel, le canal du Midi peut avoir un tirant d'eau suffisant pour porter les bateaux ; il facilite le trafic à bon marché des marchandises lourdes et encombrantes, notamment des produits agricoles, du vin, des denrées alimentaires, de la houille.

des matériaux de construction, des bois à brûler et des bois de service, des produits industriels, des amendements et des engrais.

Pour ces dernières années, voici le chargement et le nombre des bateaux auxquels le canal a livré passage :

Années.	Tonnes.	Bateaux.
1912	458.712	6.787
1913	507.875	7.975
1914	352.718	5.445
1915	303.070	4.708
1916	273.764	3.663
1917	283.041	4.107
1918	361.987	5.205

Comme l'indiquent ces chiffres, la « Grande Guerre » a porté un très grand tort au canal du Midi. La paix glorieuse va lui rendre sa prospérité d'antan et même l'accroître. Alors aussi seront nombreux les touristes qui voudront aller le voir et se promener sur les bords enchanteurs des bassins de Saint-Ferréol et de Lampy, ainsi que de la Rigole de la Montagne Noire.

Ayant atteint l'étang de Thau, le canal du Midi se déroule jusqu'à Cette, par le canal de ce nom, long seulement de 1 km. 5. C'est là qu'il termine sa course, après avoir relié l'Océan et la Méditerranée.

De Cette, la navigation se continue vers le Rhône par le canal des Étangs (39 km.), construit en 1701, et qui, comme l'indique clairement son nom, emprunte et franchit plusieurs étangs (Ingril, Vic, Arnel, Pérols, Mauguio).

Ce canal finit à Mauguio; là, commence le canal de la Radelle, long de 9 kilomètres, qui se termine à Aigues-Mortes.

Enfin, à cette ville, s'amorce le canal de Beaucaire (52 km.) qui finit sa course dans le Rhône, à Beaucaire.

Ce long système de canaux, reliant la Garonne et le Rhône, est complété par des canaux secondaires. C'est ainsi qu'au canal de la Radelle s'embranche le canal de Lunel (11 km.), faisant communiquer cette ville tout à la fois avec l'étang de Mauguio, le canal des Étangs et la mer. Du canal de Beaucaire se détachent, à Aigues-Mortes, le canal de la Grande-Roubine (6 km.) qui aboutit à la Méditerranée, au Grau-du-Roi, et le canal du Bourgidou (11 km.) qui, par les canaux de Silvéréal (8 km.), et de Peccais (3 km.) atteint le Petit-Rhône et les marais salants.

Depuis que les chemins de fer sillonnent en tous sens le Bas-Languedoc, le transit par voie d'eau n'a plus l'intense activité et l'importance d'autrefois.

Dans cette région essentiellement viticole, des canaux d'arrosage et de submersion, trop peu nombreux encore, ont jadis été établis pour lutter contre le phylloxéra ; les propriétaires n'ont alors reculé et ne reculent devant aucune dépense, lorsqu'il s'agit d'améliorer leurs admirables vignobles.

Climat. — Dans le Bas-Languedoc, le climat n'est pas le même partout. Le nord, qui fait partie de la région montagneuse, appartient à une zone très froide. Pendant l'hiver, les grands vents y soufflent avec violence; ils passent sur les sommets souvent recouverts de neige et poussent jusqu'à la mer sans rien perdre de leur âpreté. Le vent du nord est toujours un indice de beau temps ; il influe favorablement sur la santé publique.

Au sud du cordon montagneux, dans la plaine et sur le littoral, la température est généralement douce, par suite du voisinage de la mer. Si elle devient parfois très chaude, en été, elle présente souvent, en hiver, un climat tempéré et fort clément qui favorise les principales cultures locales et rend très agréable le séjour en ce beau pays.

GÉOGRAPHIE ÉCONOMIQUE

Agriculture. — Au point de vue agricole, le Bas-Languedoc se divise en deux régions bien distinctes : la montagne et la plaine.

La région montagneuse est à peu près dénudée dans l'Hérault et le Gard; elle est au contraire boisée dans l'Aude où la forêt des Corbières notamment, près de Quillan, est extrêmement belle. Les forêts se composent principalement de chênes blancs et de chênes verts dont l'écorce est utilisée dans les tanneries.

Quant aux chênes nains ou *garrigues*, que l'on trouve sur les coteaux, les boulangers et les pâtissiers les utilisent pour chauffer leurs fours. Les oliviers et les amandiers, où chantent les cigales, y sont nombreux; la récolte des amandes et des olives est souvent fort abondante.

Dans les Garrigues croissent des sorbiers, des plantes tinctoriales et des plantes aromatiques d'où l'on extrait des essences. Là se voient encore, comme dit le poète :

Des touffes de genêts, des buissons d'azeroles.

Bien différente est la région des plaines et du littoral. C'est là que pousse surtout, et presque exclusivement, la vigne qui, soumise à des traitements perfectionnés, donne des produits, non seulement abondants et variés, mais encore de premier choix. On peut dire que le Bas-Languedoc est essentiellement viticole. A perte de vue s'étend un océan de verdure d'où émergent, comme de blancs îlots, des villages et des *mas*, et sur lequel le soleil verse à flots la chaleur et la vie.

De tous les départements viticoles, l'Hérault est le premier pour la surface plantée et pour la production en vins. Ses 189.000 hectares de vignobles ont produit en 1912, 14.034.600 hectolitres et, en 1913, à cause des gelées, 10.511.800 hectolitres seulement. On y récolte des vins rouges, blancs, rosés, d'un excellent bouquet, et, à Lunel, Lunel-Viel et Frontignan, de savoureux vins muscats.

L'Aude vient ensuite. Ses vignes qui ont 127.540 ha. ont donné 5.285.760 hectolitres en 1912 et 5.506.625 hl. en 1913. Les vins rouges du Narbonnais sont riches en alcool et en couleur ; les vins blancs de Limoux, ou *blanquettes*, sont très estimés.

Le troisième département du Bas-Languedoc, le Gard, a une surface plantée de 78.000 hectares ; en 1912, il a récolté 4.365.335 hl. et, en 1913, 2.571.450 hl.

Si l'on se rappelle que la production totale des vins en France, a été de 50 millions d'hectolitres en 1912 et de 40 millions en 1913, il est facile d'établir la proportion apportée par les trois départements du Bas-Languedoc.

Depuis lors, les récoltes ont fluctué, comme l'indiquent les statistiques suivantes, chiffrées en hectolitres :

Années.	Hérault.	Aude.	Gard.	France.
1914.........	15.382.570	6.807.760	3.920.070	59.856.780
1915.........	5.224.420	2.601.160	683.170	20.400.900
1916.........	9.093.280	4.881.490	1.726.070	36.017.570
1917.........	9.810.170	5.188.490	1.510.060	38.227.040
1918.........	9.908.320	3.895.350	2.845.750	44.985.300

Les raisins frais ne vont pas tous à la cuve; il s'en fait pour la table un commerce très étendu. Les chasselas, les œillades ou sinsaux, les muscats, les servants, les aramons même, sont expédiés un peu partout, dans nos grandes villes. A lui seul, en un an, l'Hérault en a envoyé 150.000 quintaux.

Le temps des expéditions dure peu, car les vendanges viennent vite. Elles se font à la fin du mois d'août, le plus souvent au commencement de septembre et, comme on le devine, elles occupent un très grand nombre de bras. Les habitants ne suffisent pas à l'enlèvement des belles grappes; il faut, bien souvent, faire appel à des travailleurs des départements circonvoisins, parfois même à des *trimardeurs* et à des *carraques* ou bohémiens.

Les vendanges sont, quelques jours après, suivies du grappillage qui est un usage languedocien; cette cueillette des grappillons, oubliés par mégarde ou insuffisamment mûrs au moment de la vendange, est exclusivement permise aux pauvres gens.

N° 10. — **Une Cave**.

(Cliché Vallarino, *Canohès*) [P. et O.]

La vinification, qui s'opère dans de grandes cuves en pierre toutes tapissées de briques, est bientôt terminée. Le vin est alors tiré et logé dans des futailles de toutes dimensions: barriques, demi-muids, foudres. Tandis que les demi-muids contiennent en moyenne 550 litres, les foudres enferment dans leurs parois en douelles une quantité énorme variant entre 150 et 200 hl.. (Vue 10)

Nᵒ 11. — Les pressoirs.

Quant aux grappes, devenues le marc, elles sont passées sous les pressoirs qui en expriment tout le vin. (Vue 11)

A la suite de la mévente et des grèves de viticulteurs qui l'accompagnèrent, il s'est fondé çà et là, dans le Bas-Languedoc, des *Caves coopératives*. Elles ont été créées pour plusieurs raisons : 1º donner aux cours des vins, sur le marché, plus de régularité ; 2º obtenir un rendement plus grand, à des prix moins élevés ; 3º avoir une vinification parfaite, avec un outillage perfectionné, selon les procédés des meilleurs œnologues, etc...

Nᵒ 12. — Cave coopérative.

En plusieurs localités, les viticulteurs se sont associés ; ils ont fait construire une cave unique où ils transportent, chaque année, leur récolte dont le poids a été dûment enregistré, en vue des répartitions futures.

Le succès de ces Caves coopératives, maintenant construites partout, a été prodigieux. Pour le souligner, nous citerons un exemple. A Marsillargues, jolie petite ville que baigne le Vidourle, située aux confins de l'Hérault, une cave avait été bâtie, en 1910, à l'usage de 85 sociétaires ; elle devait loger 10.000 hectolitres.

Elle a été agrandie, en 1912, pour recevoir les 22.300 hectolitres de ses 155 coopérateurs. Un an après, elle a dû être encore agrandie pour loger les 60.000 hl. de ses 300 membres.

Ce développement si prompt ne manque pas d'éloquence ; il prouve que la *Cave Coopérative* remplit sa mission. Par elle encore, les « petits propriétaires » peuvent avoir, à leur choix, une vinification en blanc, en rosé et en rouge, ce qu'ils ne pouvaient, isolés, obtenir facilement. (Vue 12).

Si le Bas-Languedoc produit beaucoup de vin, il récolte peu de blé.

Les prairies naturelles et artificielles sont, comme les forêts, très répandues dans l'Aude ; elles le sont beaucoup moins dans l'Hérault et le Gard.

Dans quelques communes, on récolte des truffes, notamment à Saint-Guilhem-le-Désert, Uzès, Bagnols, Quissac, Aubais. La culture fruitière est assez développée ; elle forme une des principales richesses, car, dans le sol fertile prospèrent les pommiers, les pruniers, les poiriers, les pêchers, les abricotiers, les châtaigniers, les figuiers, les grenadiers, les cognassiers, les jujubiers, et bien d'autres arbres.

Enfin, dans l'Hérault et surtout le Gard, les mûriers fournissent des milliers de quintaux de feuilles aux sériciculteurs qui s'adonnent en grand nombre à l'élevage des vers à soie ; parmi les 27 départements séricicoles, le Gard occupe le premier rang.

On fait peu d'élevage dans le Bas-Languedoc ; cependant les animaux des espèces chevaline, mulassière, asine, ovine, bovine, caprine et porcine y sont assez bien représentés. Dans les Corbières narbonnaises, on utilise les ânes et dans la partie méridionale de l'Hérault et du Gard, les petits chevaux blancs de race camargue, à la crinière et à la queue très longues.

Sur le causse du Larzac, le lait des brebis est employé à la fabrication du fromage de Roquefort ; dans la plaine de Castelnaudary, on engraisse les volailles, surtout les oies et les dindes.

Des cours d'agriculture, de viticulture et d'horticulture sont professés dans les départements du Bas-Languedoc ; Montpellier possède une école nationale d'agriculture très florissante.

Industrie. — En cette région méditerranéenne, l'industrie est très active. Les *industries extractives* occupent une large place ; nombreuses sont les mines de houille, de lignite, de fer, de cuivre, de plomb, de manganèse, de zinc.

Les plus importantes houillères sont exploitées dans les bassins d'Alais, de la Grand' Combe, de Bessèges et à Graissessac, Castanet-le-Haut, le Bousquet d'Orb. Leur production annuelle est de 2.200.000 tonnes dans le Gard qui est l'un des départements de France les plus riches en combustibles, et de 300.000 tonnes dans l'Hérault.

Les mines de lignite (Agel), de fer (Saint-Paul-la-Coste), de cuivre (Arrigas), de zinc (Ganges), de manganèse (La Ferronière), de plomb et de zinc (Riols) sont en plein rapport.

On exploite également des carrières de gypse, de bauxite, de marbre, de pierre à ciment, de pierre de taille.

Les briqueteries et les tuileries sont nombreuses à Narbonne, Trèbes, Béziers, Lodève, Bédarieux, Générac, Alais.

A Saint-Quentin-la-Poterie, on fabrique des pipes ; les villes de Castelnaudary, Sigean, Béziers, Beaucaire, Anduze font de la poterie.

Enfin, il est bon de rappeler que, sur toute la côte, et particulièrement à Cette et à Aigues-Mortes, les salines sont extrêmement florissantes.

Les *industries métalliques* sont représentées par les forges et les hauts-fourneaux de Bessèges, Tamaris.

Les *industries chimiques* ne manquent pas aussi. Il y a des raffineries de soufre à La Nouvelle et à Narbonne, des fabriques de vert-de-gris ou verdet à Narbonne et à Lunel. Les pétroles sont raffinés à Balaruc. On fabrique des cierges à Montpellier, et des savons, des bougies et des engrais à Narbonne, Montpellier, Lodève, Béziers.

Parmi les *industries agricoles*, il faut citer, en premier lieu, la distillerie à Béziers, Florensac, Marseillan, Lunel, Pomerols, Nîmes. A Béziers et à Cette abondent les fabriques de liqueurs. On trouve des brasseries à Nîmes, Beaucaire, Alais, Montpellier, Béziers, Carcassonne.

Les villes de Castelnaudary, Florensac, Pézenas, Sommières, Lunel, Calvisson, Junas, comptent bon nombre d'huileries ; enfin, il y a un peu partout des vinaigreries, surtout à Montpellier et à Mèze.

Dans cette région vinicole, l'industrie du bois est, on le devine, très vivante. Partout prospèrent d'importantes tonnelleries et des fabriques de douves et de tonneaux, notamment à Saint-Pons. La petite ville de Sauve fait des fourches, des attelles et des manches d'outils en bois de micocoulier.

Les olives sont préparées à Gignac, Aniane, Nîmes et les salaisons à Cette et à Béziers.

La pâtisserie a ses spécialités. On trouve des croquants à Nîmes, Lunel, Marsillargues ; des barquettes à Saint-Gervais ; des fruits confits à Carcassonne ; des biscotins à Bédarieux.

Les *industries textiles* sont aussi très importantes. Dans l'Hérault et le Gard fleurit l'industrie séricicole. Il y a des filatures de soie dans le canton de Ganges et les arrondissements d'Alais et du Vigan. La bonneterie occupe un très grand nombre d'ouvriers à Nîmes, Ganges, Saint-Hippolyte-du-Fort, Sauve, Quissac, au Vigan.

L'industrie drapière prospère dans l'Hérault. A Saint-Pons, on tisse la laine. Les couvertures, les draps, les molletons sont fabriqués à Lodève, Bédarieux, Clermont-l'Hérault, avec des laines provenant de l'Amérique du Sud. A Montpellier sont confectionnés les habillements militaires.

N° 13. — Fabrication des draps.

(Cliché Jullian, Lodève.)

Enfin, Lodève possède de très actives fabriques de drap de troupe. Voici l'intérieur de l'une d'elles, l'usine Teisserenc-Vissecq, où se font les apprêts et les laineries (Vue 13).

Parmi les *industries diverses*, représentées dans le Bas-Languedoc, il est nécessaire de mentionner : les essences (Sommières) ; les tapis (Nîmes) ; la ganterie (Le Vigan) ; les papiers à cigarettes (Talairan) ; les minoteries (Castelnaudary, Trèbes) ; la chapellerie (Quillan, Couiza, Nîmes, Anduze) ; les chaussures (Saint-Pons, Nîmes) ; les tanneries (Narbonne, Montpellier, Béziers, Saint-Pons, Uzès, Quissac) ; les mégisseries et les pelleteries (Bédarieux, Carcassonne).

Il est enfin une industrie qui s'exerce sur tout le littoral, c'est la pêche qui est d'un excellent rapport. Les étangs donnent des anguilles, des mulets, des plies, des loups ; la Méditerranée fournit abondamment le merlan, la sole, la dorade, le rouget, la raie, le maquereau, la sardine, le congre, la sèche, le hareng, le thon, etc...

Par an, le produit de la pêche atteint la somme de plusieurs millions.

Commerce. — Essentiellement vinicole, le Bas-Languedoc fait un intense commerce de vins et d'alcools. Les marchés les plus fréquentés se tiennent à Carcassonne, Narbonne, Castelnaudary, Coursan (*Aude*); à Montpellier, Béziers, Cette, Lunel, Pézénas (*Hérault*); à Nîmes (*Gard*).

Parmi les autres exportations, il est bon de signaler : les liqueurs, les huiles, les raisins frais, les olives, les truffes, les bois communs, le sel, les morues salées, les matériaux de construction et les pierres de taille surtout, les savons, les pétroles raffinés, les fers, les fontes, les aciers, les draps, les cuirs, les cocons, les soies, la bonneterie. Seul, le Gard exporte de la houille.

Au contraire, le Bas-Languedoc importe des céréales, des légumes secs, des denrées coloniales, des fruits frais et secs, des bestiaux, des peaux de laine et déchets de laine, des bois divers, des minerais, des houilles, des pétroles bruts et raffinés.

Très actif est le mouvement des ports ; La Nouvelle (Aude); Cette, Mèze, Marseillan, Agde, Bouzigues (Hérault); Aigues-Mortes (Gard).

Le Bas-Languedoc compte 5 Chambres de commerce : Carcassonne, Narbonne (*Aude*); Montpellier, Cette (*Hérault*); Nîmes (*Gard*).

Voies de Communication. — Les populations languedociennes jouissent d'une certaine aisance. Très morcelée, la propriété est par cela même fort bien cultivée. De nombreuses voies de communication, par eau et par terre, facilitent les transactions et l'écoulement des produits.

Les canaux, dont nous avons déjà parlé, rendent d'appréciables services.

Les routes sont belles et bien entretenues, le plus souvent bordées d'arbres séculaires ; on peut leur reprocher d'être trop poudreuses pendant l'été.

Enfin, des voies ferrées sillonnent en tous sens le Bas-Languedoc ; elles appartiennent pour la plupart aux réseaux du P.L.M. et du Midi.

L'artère la plus importante est celle qui relie Bordeaux à Marseille, c'est-à-dire l'Atlantique à la Méditerranée. De Bordeaux à Cette, le Midi dessert dans l'Aude et l'Hérault de nombreuses villes. De Cette à Marseille, le P.L.M. dessert Montpellier, Lunel, Nîmes, Beaucaire dans l'Hérault et le Gard.

De la ligne Bordeaux-Cette se détachent : à Narbonne, la ligne du Midi qui conduit à Perpignan et en Espagne ; à Béziers, celle du Midi qui se dirige sur Paris en empruntant un peu les réseaux du P.O. et du P.L.M.

La ligne Cette-Marseille est empruntée jusqu'à Tarascon par la grande artère Cette-Paris (P.L.M.), ou ligne de la Bourgogne. De Nîmes, se détache la ligne très pittoresque du Bourbonnais, Nîmes-Paris, par Clermont-Ferrand.

De très nombreux embranchements permettent de desservir les principales villes industrielles et agricoles.

Sources minérales. — Le Bas-Languedoc est riche en sources minérales.

L'Aude en possède à Alet, Campagne, Coursan, Escouloubre, Ginoles, Rennes-les-Bains, Salles d'Aude qui ont des propriétés médicales diverses.

Dans l'Hérault, les sources de Balaruc, Avène et Lamalou sont extrêmement connues. Il y a, à Gabian, une source de pétrole dont l'exploitation n'a pas été poursuivie.

Le Gard a des sources minérales à Euzet, Avèze, Collias, Fonsanges, Allègre (Les Fumades), Vergèze (Les Bouillens).

GÉOGRAPHIE POLITIQUE

Après avoir étudié les ressources du sol et signalé le trafic auquel elles donnent lieu, faisons une promenade dans chacun des départements du Bas-Languedoc, à travers leurs villes les plus importantes.

L'Aude. — Peuplé de 314.000 habitants, ce département couvre une superficie de 630.894 hectares. Il comprend 4 arrondissements, 31 cantons et 439 communes. Son chef-lieu est Carcassonne.

Cette ville est divisée par l'Aude en deux parties offrant un contraste absolu : la *Cité* et la *Ville Basse*.

Nº 14 — La Cité.

(Cliché Vitry, Paris.)

La Cité est la ville primitive ; juchée sur une haute colline, elle est isolée et toute hérissée de tours. Elle est très peu peuplée. C'est une sorte de citadelle fantastique, immense, dominant la Ville Basse d'une soixantaine de mètres. Une double enceinte de remparts l'emprisonne ; le périmètre de l'enceinte intérieure est de 1.100 mètres, celui de l'autre est de 1.500 mètres. Ces remparts offrent le spécimen le plus complet de l'art des fortifications depuis l'époque romaine ; ils sont reliés à un *Château* rectangulaire (du XIIe siècle), dominé par un donjon élevé, et à l'ancienne cathédrale Saint-Nazaire (XIe siècle) dont la façade est couverte par des ouvrages de défense du XIVe siècle. (Vue 14).

La Ville Basse est blottie entre la rive gauche de l'Aude et le canal du Midi. Des boulevards plantés de platanes l'entourent ; ils ont été percés le long des anciens remparts dont on voit quelques restes.

C'est là que se dressent deux églises, remarquables par la richesse de leurs vitraux, la beauté de leur style et l'ampleur de leurs dimensions : la cathédrale Saint-Michel (XIIIe siècle) et l'église Saint-Vincent (XIVe siècle). Dans la tour octogonale de cette dernière église, l'astronome Méchain, calcula, en 1792, l'axe du méridien de Paris.

Après Carcassonne, la ville la plus importante est Narbonne, située à 8 kilomètres de la mer, dans une plaine fertile. Le canal de la Robine, qui la fait communiquer avec la Méditerranée, la partage en deux : le bourg et la cité.

N° 15 — Hôtel de Ville de Narbonne.

(Cliché Jordy à Carcassonne.)

Narbonne est riche en monuments anciens. Tout d'abord, la cathédrale Saint-Just qui fut commencée en 1272 et qui est remarquable par sa double ceinture de créneaux.

Vient ensuite l'ancien palais archiépiscopal. Séparée de la cathédrale Saint-Just par un cloître à larges arcades du XVe siècle, la demeure des archevêques est à la fois un palais et une forteresse toute hérissée de vieilles tours dont deux remontent au XIIe siècle; elle abrite maintenant un musée.

Entre les deux tours principales (XIVe siècle), un beau corps de logis a été établi dans le style du XIIIe siècle; c'est aujourd'hui l'hôtel de ville, dont les voyageurs admirent la belle façade gothique et que vous admirerez avec eux. (Vue 15).

Parmi les autres monuments anciens, nous devons encore signaler : 1° le Lamourguier, église d'une ancienne abbaye de bénédictins (XIIe siècle), remarquable par son style romano-ogival, ayant reçu une affectation spéciale; 2° l'église Saint-Paul-Serge (XIIIe siècle), aux dispositions stratégiques; 3° l'église des Carmélites ou Saint-Sébastien (XVe siècle) dont la voûte ogivale est très belle.

Très curieuse par ses monuments, Narbonne est en même temps importante par son commerce.

Comme cette ville, Castelnaudary est aussi bien commerçante; elle se livre au commerce des bestiaux, des fourrages, des céréales et possède de grandes minoteries. Se dressant à une altitude de 160 mètres, Castelnaudary est étagée sur une colline, au flanc de laquelle passe le canal du Midi, qui forme un vaste port à larges quais. Les bords du canal, très ombragés, servent de promenades. On peut voir, dans cette cité, l'église Saint-Michel (XIVe siècle), l'église Saint-Jean-Baptiste (XVe siècle) et une vieille tour qui faisait partie des anciennes fortifications.

Narbonne et Castelnaudary sont deux sous-préfectures de l'Aude; la 3e est Limoux, ville industrielle et agricole qu'arrose l'Aude; elle est entourée de riches vignobles qui produisent la blanquette, excellent vin blanc, dont nous avons déjà parlé. Son église paroissiale, Saint-Martin, que domine un clocher roman octogonal, date des XIIe et XIVe siècles. A Limoux, on remarque encore deux ponts : l'un du XVe et l'autre du XVIe siècle.

Dans le département de l'Aude, prospère le port de La Nouvelle ; construit sur l'étang de Sigean, à 2 km. de la mer, il est formé par le chenal qui relie cet étang à la mer Méditerranée. Ce port est en communication avec Narbonne par le canal de la Robine.

L'Hérault. — Comme l'Aude, l'Hérault a 4 arrondissements ; mais il n'a que 338 communes groupées en 36 cantons.

Plus peuplé, il est cependant moins vaste ; il a 461.660 habitants et occupe une superficie de 620.964 hectares.

Son chef-lieu est Montpellier ; cette cité ancienne est une ville savante, jolie, animée, bâtie sur une colline aux pentes douces, au pied de laquelle coule le Lez.

N° 16. — Promenade du Peyrou.

(Cliché du Syndicat d'Initiative, à Montpellier.)

Elle est dominée par la promenade du Peyrou, d'où l'on découvre, par un ciel clair, un immense et magnifique panorama, limité à l'horizon par la mer, les Pyrénées, les Cévennes, le mont Ventoux. (Vue 16).

Au centre de cette belle promenade a été érigée la statue équestre de Louis XIV. A l'extrémité se dresse le Château d'Eau, orné de colonnes corinthiennes ; un superbe aqueduc, long de 880 mètres et construit sur deux rangées d'arcades sculptées, y amène, par-dessus la riante plaine qu'il domine, les eaux de la source Saint-Clément.

Parmi les monuments les plus remarquables nous devons citer : la cathédrale Saint-Pierre (xive siècle) qui n'est autre que la chapelle du monastère Saint-Benoît (1364) ; l'arc de triomphe, élevé en l'honneur de Louis XIV (1661) ; le palais de justice, tout moderne, ayant l'aspect d'un temple grec (1846).

Montpellier possède une Université, dont la faculté de médecine est extrêmement ancienne. Son musée Fabre, qui a pris le nom du fondateur, est très célèbre ; il renferme de riches collections et abrite la bibliothèque publique. Son Jardin des Plantes remonte à Henri IV (1593) ; c'est le plus ancien des jardins botaniques de France.

En cette ville ont longtemps fleuri, et l'on cherche à les y faire revivre, les vieilles coutumes languedociennes et notamment la *danse des treilles* et celle du *chevalet*.

Après Montpellier, la cité la plus florissante et la plus peuplée est Béziers, qui se dresse à 69 mètres d'altitude, sur un coteau au pied duquel passe l'Orb. Cette ville, débordante d'activité et de gaieté, fait un grand commerce de vins et d'alcools.

Quand on y arrive, on ne peut s'empêcher de remarquer le *Plateau des poètes*, jardin public planté d'arbres exotiques et bordé de fleurs rares, au centre duquel s'élève une monumentale fontaine «Le Titan soulevant le monde».

Les églises sont des monuments anciens qu'il faut visiter : l'église de la Madeleine où furent égorgés, en 1209, plus de 7.000 Albigeois ; l'église Saint-Jacques (xiie siècle) ; l'église Saint-Aphrodise (xiiie et xve siècles;) l'église Saint-Nazaire (xive siècle) qui est un spécimen d'église fortifiée ; l'église des Récollets ou des Pénitents bleus (xvie siècle).

Le théâtre de Béziers est coquet ; ses bas-reliefs allégoriques sont dus au ciseau de David d'Angers, l'auteur de la statue de Paul Riquet qui décore les allées de ce nom.

Tout près de cette belle cité se trouve la plage bien connue de Sérignan. Montpellier, mieux pourvue, a deux stations balnéaires très voisines.

N° 17. — Joutes de Palavas.

(Cliché Léon Galland. Paris.)

La plus rapprochée est la petite ville de Palavas-les-Flots où, l'été venu, fleurit le grand amusement des joutes, aux sons des hautbois et des tambours. (Vue 17).

L'autre station balnéaire, assez rapprochée de Montpellier, est celle de Cette, très friande aussi des joutes qui attirent sur les bords du canal les amateurs des jeux sur la *tintaine*.

Par sa population, Cette, qui n'est point cependant une sous-préfecture, est la troisième ville du département de l'Hérault.

N° 18. — Le port de Cette.

Bâti en amphithéâtre, au pied du mont Saint-Clair, ce port de mer, commode, sûr et bien fréquenté, est abrité par deux môles, éclairé par plusieurs phares, merveilleusement desservi par la voie ferrée et par les canaux de navigation. Il doit à sa situation géographique son importance. Il fait un actif commerce avec l'Espagne et se livre à la pêche de la sardine, du thon et surtout de la dorade. (Vue 18).

Le mont Saint-Clair qui l'abrite est isolé entre la mer et l'étang de Thau ; il est parsemé de villas appelées *barraquettes* où, quand vient l'été, les Cettois vont joyeusement passer leurs dimanches. Le soir, quand s'éclairent les *mazets,* la montagne est comme ponctuée de vers luisants.

Entre Cette et Béziers, est bâtie, sur l'Hérault et dans une plaine fertile, la ville d'Agde.

N° 19. — Une rue d'Agde.

(Cliché B. F. Chalon-sur-Saône.)

Construite avec la lave, qui provient de la montagne volcanique de Saint-Loup, toute voisine, cette vieille ville est absolument noire d'aspect comme vous allez le voir par l'une de ses rues. (Vue 19). Elle fait le commerce des vins avec l'Italie et surtout avec l'Espagne. Mais ce n'est plus l'important port d'*Agathé-Tyché,* c'est-à-dire «Bonne-fortune» qu'avaient fondé les Massaliotes.

N° 20. — Église Saint-Étienne.

(Cliché Litardi, Agde.)

Elle possède la cathédrale Saint-Étienne, qui a la forme d'un rectangle et l'allure d'une forteresse avec ses créneaux, ses mâchicoulis et sa grosse tour ; de style roman ogival, cette belle église aux larges arcades évidées est l'un des plus anciens monuments de ce genre que possède la France, (xiiᵉ siècle). [Vue 20].

On peut voir encore, à Agde, l'église Saint-André qui est également très ancienne.

Le costume des Agathoises est très gracieux ; il ressemble assez à celui des belles Provençales.

Deux autres villes ont une égale importance : Lunel et Lodève.

Dans sa ceinture de vignobles, Lunel est renommée pour l'excellence de ses vins rouges et de ses vins muscats. Elle possède un parc superbe où se dresse la statue d'Henri de Bornier, le grand poète du *Fils de l'Arétin* et de la *Fille de Roland* ; au pied de cette promenade commence le canal de Lunel, creusé en 1302 et prolongé sous Henri IV, qui va rejoindre le canal de la Radelle.

Le clocher de son église paroissiale, seulement imposant par sa masse, a été édifié, en 1344, sur une tour romane.

Près de cette cité, l'on peut voir les restes du pont romain Ambrussum, que vous avez déjà admiré, et les grottes de Lunel-Viel.

Tandis que Lunel est une ville viticole, Lodève est une cité industrielle. Elle est située au confluent de la Lergue et de la Soulondres, et au pied des Cévennes dont l'un des sommets, le Pertus, se dresse à 850 mètres.

C'est une ville très active qu'annoncent des panaches de fumée. L'industrie y prospère, représentée spécialement par des fabriques qui produisent des draps pour la troupe et des couvertures de laine. Lodève possède la belle église Saint-Fulcrand (xiiie et xvie siècles), ancienne cathédrale en partie fortifiée.

En passant, il faut mentionner Pézénas, bâtie dans une plaine surnommée « Le Jardin de l'Hérault » et qui évoque le souvenir de Molière et des représentations qu'il y donna.

Alors seulement, nous arrivons à Saint-Pons ou Saint-Pons-de-Thomières, petite sous-préfecture que traverse le Jaur. Ses rues tortueuses sont bordées de vieilles maisons, pour la plupart très pittoresques. Parmi les monuments anciens, on remarque les restes d'une abbaye (xe siècle), une église fortifiée (xiie siècle) qui fut jadis la cathédrale, et une tour crénelée (xvie siècle). Dans les environs de Saint-Pons se trouve la grotte de Pontil, riche en fossiles.

Avant de quitter le département de l'Hérault, il nous faut envoyer un souvenir à Villeneuve-lès-Maguelone.

N° 21. — Église Saint-Pierre-de-Maguelon.

Située sur le bord de l'étang de l'Arnel où se mirent ses vieilles maisons, cette petite ville a une église qui date des viiie et xiiie siècles, et une grotte, celle de la Madeleine, toute décorée de stalactites.

A égale distance de cette ville et de Palavas-les-Flots se dresse, isolée, près de la mer, l'ancienne cathédrale Saint-Pierre, remarquable construction fortifiée du xie siècle. C'est le seul reste de la bourgade ruinée de Maguelone, jadis port important et évêché célèbre, dont les évêques furent très puissants au xie et au xiie siècles. (Vue 21).

Le Gard. — Le troisième département du Bas-Languedoc, le Gard, comprend 4 arrondissements, 40 cantons et 351 communes. Sa population est de 422.000 habitants et sa superficie de 588.065 hectares.

Nîmes est son chef-lieu. C'est une ville à la fois

industrielle et commerçante. Bâtie au pied du mont Cavalier (114 mètres) que domine la vieille Tour Magne, elle est entourée de boulevards et traversée par le Vistre de la Fontaine qui va se jeter dans le grand Vistre, près de Caissargues.

Sous la domination romaine, elle était encerclée de remparts, Des sept portes, ménagées à travers cette enceinte, il reste la porte d'Auguste et la porte de France qui servaient d'entrée et de sortie à la Voie Domitienne allant de Rome en Espagne.

Nîmes possède les monuments antiques les plus beaux et les mieux conservés.

Nº 22. — Maison Carrée.

(Cliché Léopold Verger et Cie, Paris.)

Voici d'abord la Maison Carrée, qui fut un temple et qui est aujourd'hui un musée de médailles et de monnaies. Elle fut édifiée sur l'ordre d'Agrippa, gendre d'Auguste. Ornée de 30 colonnes cannelées, d'ordre corinthien, elle a 25 m. 20 de long sur une largeur de 42 m. 30. (Vue 22).

Nº 23. — Les Arènes.

(Cliché Vitry à Paris.)

Très anciennes aussi sont les arènes qu'on attribue tour à tour à Antonin, Trajan, Vespasien, Titus et Domitien. Cet amphithéâtre ellipsoïdal peut contenir environ 30.000 spectateurs; son grand axe a 134 mètres, son petit axe 101 mètres, et sa hauteur 21 m. 50. (Vue 23).

Nº 24. — La Tour Magne.

(Cliché Nouvelles Galeries à Nimes.)

De l'époque romaine date encore la Tour Magne, haute de 28 mètres, qui dresse sur le mont Cavalier sa fière silhouette. C'est une des tours qui flanquaient les remparts d'Auguste; elle a longtemps servi de tour à signaux. (Vue 24).

Au pied de la Tour Magne verdoie le Jardin de la Fontaine, tracé au xviiie siècle et décoré des statues du poète-boulanger nimois Jean Reboul et du fabuliste Bigot; il doit son nom à la fontaine de Nîmes, dont les eaux descendent par une série de bassins datant de la domination romaine. Comme cette fontaine alimentait jadis insuffisamment la ville, on dut construire un aqueduc, long de 60 kilomètres qui amenait, par le célèbre pont du Gard, les eaux de la fontaine d'Eure, grossies de celles de l'Airan, et qui les conduisait dans l'intérieur de la ville, au Château d'eau, bassin circulaire de 6 m. 50 de diamètre, qui les distribuait ensuite.

Dans le superbe Jardin de la Fontaine se voient les ruines du temple de Diane. Ce sont les restes, non point d'un temple, mais de thermes romains.

Parmi les autres monuments, un peu moins antiques bien que fort anciens, il faut citer la cathédrale Notre-Dame et Saint-Castor, où l'on voit le tombeau de l'évêque Fléchier; construite sur les ruines d'un temple romain, elle fut remaniée au xie siècle et agrandie au xixe siècle. L'église du lycée et le grand temple protestant sont tous les deux du xviie siècle.

A proximité de Nîmes, se trouve la *Grotte des Fées*;

au xviiie siècle, les protestants persécutés s'y réunissaient pour prier.

Par son importance et sa population, la ville d'Alais vient après Nîmes; elle est située sur la rive gauche du Gardon — du Gardon d'Alais, inutile de le dire — et possède la cathédrale Saint-Jean (xiie siècle), un ancien palais archiépiscopal (xviiie siècle) et un hôtel de ville (xviiie siècle) qui renferme une salle des États du Languedoc.

Alais est un centre industriel très animé; dans les environs se trouvent, au milieu de riches houillères, les villes de Bessèges et de la Grand'Combe, toutes noires de charbon.

Sur un autre Gardon, se dresse en amphithéâtre la ville industrielle d'Anduze. Non loin de cette petite cité, au mas Soubeiran, est né Roland (1675-1704), l'un des principaux chefs de la guerre des Camisards; sa maison natale a été transformée en un musée qu'on a surnommé *Le Musée du Désert*.

Du Gardon, passons au Rhône. Là, se trouve Beaucaire, célèbre par sa foire dont la réputation était européenne. Située au pied d'une colline escarpée qui domine la rive droite du fleuve impétueux, elle est reliée à Tarascon, dont la sépare le Rhône, par un viaduc de 600 mètres de long sur lequel courent les trains du P.L.M. et par un pont suspendu (datant de 1829), pour les voitures et les piétons. Les curieux ne manquent pas d'aller visiter : la chapelle romane Saint-Louis (xiiie siècle); la porte fortifiée (xive siècle); la croix couverte (xve siècle); l'église Saint-Paul (xve siècle), qui est l'ancienne église des Cordeliers où Louis XIII présida, en 1622, l'assemblée des États du Languedoc; l'hôtel de ville (xviie siècle).

Sur la colline, dominant le fleuve, l'on aperçoit les ruines d'un château bâti au XIIIe siècle et démantelé, en 1632, par Richelieu.

C'est de Beaucaire que part un canal, long de 52 km. creusé sous le premier Empire, pour mettre en communication le Rhône et la Méditerranée.

Avec Alais, les autres sous-préfectures du Gard sont Le Vigan et Uzès.

Entourée de montagnes verdoyantes, le Vigan est très bien située sur la rive gauche de l'Arre, à 260 mètres d'altitude. Uzès est perchée sur une haute colline, dominant la vallée de l'Alzon; de loin, elle apparaît toute hérissée de tours. Cette ville a un château, *Le Duché*, qui est la résidence des ducs d'Uzès et qui a été construit à différentes époques, du XIIe au XVIe siècle. Comme anciens monuments, elle possède encore, dominée par la tour Fénestrelle (XIIe siècle), l'ancienne cathédrale Saint Théodoret; la tour carrée de l'Horloge (XIVe siècle), reste des fortifications; l'ancien palais épiscopal, aujourd'hui sous-préfecture et tribunal (XVIIe siècle).

A chaque pas, le passé surgit; il se révèle plus encore dans la cité d'Aigues-Mortes, fondée par Louis IX qui s'y embarqua pour la croisade, le 28 juillet 1248. Entouré de lagunes, ce petit port est relié à la mer par le canal de la Grande-Roubine. Autour de la ville, au milieu de la plaine marécageuse, furent érigés des remparts, de 1272 à 1275, par l'architecte gênois Bocanégra. Depuis Philippe III le Hardi, ces fortifications se sont très bien conservées. Flanquées de 15 tours à portes béantes, elles délimitent un vaste parallélogramme de 545 mètres sur 136, où pointent et fument les cheminées des petites maisons basses; elles sont construites en grosses pierres, taillées en bossages, couronnées de créneaux et percées de meurtrières longues et étroites pour le tir à l'arc. Elles sont en France l'un des échantillons les plus beaux et les plus complets de l'architecture militaire du XIII° siècle.

N° 25. — Tour de Constance.

(Cliché N. D.)

Dans un anglé, se dresse sur 37 mètres de haut un donjon cylindrique, élevé en 1246 par Louis IX et appelé la Tour de Constance. Indépendante des remparts, elle est comme une citadelle avancée. Ce n'est pas sans une profonde émotion qu'on pénètre dans cette tour, après avoir franchi les quatre portes énormes, bardées de fer et défendues par des mâchicoulis à l'intérieur et des moucharabys à l'extérieur. De la *Salle des Gardes* on monte à la *Salle des Chevaliers*, au premier étage. Là, pendant la triste époque des Dragonnades, des protestantes avaient été reléguées; elles n'avaient commis d'autre crime que celui d'avoir voulu rester fidèles à leurs croyances et refusé d'abjurer leur religion. L'une d'elles, Marie Durand, fut emprisonnée; pendant ses 37 ans de captivité, elle donna l'exemple d'une profonde piété et d'une admirable patience. Toutes les prisonnières durent leur liberté à un intègre gouverneur du Languedoc, le prince Charles de Craon, maréchal de Beauvau, qui avait été ému des souffrances imméritées que supportaient héroïquement ces courageuses femmes. (Vue 25).

Des bords de la Méditerranée, nous pourrions remonter vers les Cévennes et nous arrêter à Sommières et à

Saint-Hippolyte-du-Fort qu'arrose le Vidourle. Il nous faudrait faire aussi une halte à Valleraugue, assise au centre d'un cirque de montagnes et au pied de l'Aigoual qui se profile à 1567 mètres. Mais notre promenade à travers le Bas-Languedoc a été longue; c'est à la halte finale que je vous convie.

CONCLUSION

Vous avez vu maintenant le Bas-Languedoc avec sa triple région de montagnes, de plaines et de côtes. Resserré entre les Cévennes et la mer, il est comme un couloir par où, de bonne heure, a passé la civilisation. Avec leurs armées, les Romains le traversèrent dans leurs expéditions en Espagne; sur leur parcours, ils semèrent des monuments grandioses qui sont encore debout, défiant les siècles.

Riche par son sol très fertile, par ses productions multiples et surtout par sa viticulture, riche aussi par son industrie et son commerce, riche enfin par son histoire, le Bas-Languedoc est habité par une race bien trempée. Les Languedociens sont courageux, paisibles, hospitaliers, ardents au travail.

Quand, après la guerre de 1870, le terrible phylloxéra, cet autre envahisseur, eut ravagé leurs vignes, ils ont fait preuve d'une énergie, d'une ténacité extraordinaires auxquelles il est bon de rendre hommage. Ces mêmes qualités, ils les ont déployées, lorsqu'ils ont dû reconstituer le vignoble et s'acharner à cette œuvre de résurrection.

N° 26 . — Arrivée des Taureaux.

(Cliché Ch. Bernheim, Nimes.)

On dit qu'ils sont un peu bruyants et que leur belle langue d'oc, improprement appelée patois, est sonore et bien timbrée. Il est juste de reconnaître qu'ils aiment la musique, les chansons, la danse, la gaieté. Ils ont même conservé, comme une relique du passé, la jolie danse des « treilles », celle du « chevalet » qui est très originale, bien d'autres encore.

Enfin, dans la région qui touche à la Provence, ils adorent les courses de taureaux, non point tant la course espagnole avec déploiement de picadors, de matadors et de mise à mort, mais la course provençale avec de petits taureaux camargues, tout noirs, qui arrivent, encadrés par des chevaux, camargues aussi, mais tout blancs, montés par d'habiles gardiens armés d'un trident. (Vue 26).

Pour les Languedociens, c'est un régal de voir choisir les taureaux dans la *manade*, de les voir quitter les prés, atteindre le village, accomplir ensuite leur course, sous un soleil de feu, dans un cirque improvisé que ferment des tonneaux et de lourdes charrettes, regagner enfin les vertes prairies qu'arrosent le Vidourle et le Vistre.

A ces coutumes anciennes, ils sont restés fidèles. Pourtant, ils ne sont point rétrogrades. Amoureux de liberté et de progrès, ils ont en politique des idées très avancées ; pour les défendre, ils apportent une passion égale à celle qu'ils éprouvent pour le cher Bas-Languedoc qui les a vus naître.

MELUN. IMPRIMERIE ADMINISTRATIVE. — M. P. 1040 M